AF307694

DIE WUNDERQUELLE

SELBSTLIEBE

FÜR IMMER FIT & ZUFRIEDEN

Verlag: BoD · Books on Demand GmbH,

Überseering 33, 22297 Hamburg,

bod@bod.de

Druck: Libri Plureos GmbH,

Friedensallee 273, 22763 Hamburg

ISBN: 978-3-7693-5324-2

Inhalt

Vorwort

Mit diesem Buch begebe ich mich in eine tiefe Selbstreflexion und aktiviere bewusst die Quelle der Selbstliebe in mir, um mich wieder auf einen neuen Lebensabschnitt zu freuen. Die Freude, hier auf Erden zu sein und die Erkenntnis, dass Liebe im Herzen zu tragen, das Einzige ist, was diesem Leben auf Erden mich persönlich jetzt wirklichen Sinn gibt!

Dabei möchte ich das Beste für mich herausholen, authentisch und ehrlich bleiben. Was ich am meisten brauche, ist Selbstachtung für meine Gesundheit. Damit ich fit genug bin, um jeden Tag mit Freude zu genießen und auch Vorbild zu sein durch das, was ich selbst vorlebe. Deshalb ist diese Erkenntnis mit 73 Jahren die größte Motivation für mich.

Ich weiß, dass ich von Frequenzen lebe, ich weiß, dass es die Möglichkeit gibt, so zu leben, wie es mir am besten gefällt. Aber Gesundheit ist alles, was ich habe, ohne Gesundheit bin ich in einer Krise.

Die Gesundheit an die erste Stelle zu setzen und sich jeden Tag Zeit dafür zu nehmen, ist für mich das Klügste, jede Krise ist eine neue Chance, neue zu Starten. Lösungen zu finden und wie Phoenix aus der Asche steigen. Buch, Krise als Chance, von Kurt Tepperwein, mvgverlag

Die Verbindung mit der wunderbaren Quelle der Selbstliebe ist auch gleichzeitig die Erkenntnis, dass es meine Pflicht ist, möglichst gesund zu sein. Fit und zufrieden für immer, das ist mein Ziel mit Fitness und Lebensqualität nach meinen persönlichen Bedürfnissen und nur so wie es mir Spaß macht.

Ich lade jeden ein, der mein Buch liest und dies auch tun möchte, sich die Zeit zu nehmen, die Selbstreflexion zu vertiefen, ein Buch oder ein Tagebuch mit sich selbst zu schreiben ist sehr spirituell. Einfach aus Liebe zu sich selbst.

Was ist die größte Freude, die Sie als Kind im Herzen behalten haben?

Was bedeutet Fit für Sie?

Treppensteigen fällt leichter.

Durch angemessene Bewegung und Sport die körperliche Gesundheit wieder stabilisieren und die Leistungsfähigkeit fit halten.

Jedes Wochenende am schönen See, in der Natur, in den Bergen, den fitten Körper in der Natur genießen.

Erfolgreiche neue Ernährung, sehr wenig Zucker, um den Körper mit den notwendigen frischen Nährstoffen zu versorgen.

Durch Atemübungen, Meditation, Zeiten der Stille genügend innere Ruhe, genügend Tiefschlaf, Seelenfrieden und Entspannung finden.

Warum ist für Sie körperliche Fitness das Wichtigste?

Bessere Gesundheit: Geringere Wahrscheinlichkeit chronischer Krankheiten und besserer allgemeiner Gesundheitszustand.

Mehr Energie: Mehr Energie und Leistungsfähigkeit zur Bewältigung der täglichen Aufgaben.

Positive Stimmung: Gute Laune und besseres Wohlbefinden.

Längeres Leben: Höhere Lebenserwartung und gesundes Altern.

Es ist klug, sich Zeit für sich selbst zu nehmen, sich mehr auf sich selbst zu konzentrieren, um sich um seinen Körper und seine Seele zu kümmern.

Ein Leben, das man liebt, das motiviert und inspiriert. Es geht darum, mit sich selbst, seinem Leben und dem, was man erreicht hat, zufrieden zu sein.

Es ist besser, sich sagen zu können, so habe ich es gemacht, als ewig nach Perfektion zu streben und am Ende nie zufrieden zu sein.

Wie der Geist den Körper heilt

Der Wissenschaftler Arzt, Motivationstrainer und Autor David Hamilton schreibt in seinem Buch Achte auf deine Gefühle, wie der Geist den Körper heilt. Allegria Verlag.

Über die wunderbare Kraft und Heilung durch Affirmationen, die mit den Schwingungen der Liebe zu sich selbst aufgeladen sind. Wenn wir einen Gedanken mit starken Emotionen mehrmals wiederholen, und wir sehen und fühlen uns am Ziel, wird eine zusätzliche chemische Verbindung (ein Protein) stimuliert, die auf die DNA trifft. Daraufhin werden mehrere Gene in der DNA aktiviert, die Substanzen (Proteine) produzieren, die neuen Verzweigungen (Verbindungen) zwischen den Nervenzellen herstellen. Auf diese Weise erzeugt die Wiederholung eines Gedankens, (der mit starken Emotionen verbunden ist), neue Verbindungen zwischen Neuronen. Auf diese Weise verändert sich das Gehirn entsprechend unseren Gedanken und Erfahrungen. Das Gehirn ist lebendige Intelligenz. Dieser Prozess verläuft sehr schnell. Die Gene werden innerhalb weniger Minuten aktiviert.

Die Kraft, die zum Erfolg führt, ist die Kraft des Geistes. Wie man das Schicksal dazu bringt, den eigenen Plänen und Wünschen zu folgen. Alles beginnt mit einem einfühlsamen klaren Wunsch im Kopf. Das schrieb der erfolgreiche Buchautor Napoleon Hill in seinem Bestseller «Denke und werde reich», Ariston Verlag, der über 50 Millionen Mal verkauft wurde. Oder das Buch "Erfolg durch positive Einstellung", das mir wirklich eine neue Sicht auf das Leben gegeben hat.

Ich selbst verdanke seine beiden Bücher, viel Erfolg in meinem beruflichen und privaten Leben. Es ist die gleiche Kraft des Denkens, die uns zur Verfügung steht. Ob es um geistliche Liebe geht, oder materielle Dinge geht, um Gesundheit, Schlankheit oder eine Prüfung, es ist immer das gleiche Prinzip. Die Wunderquelle, die wir durch die Kraft unserer Gedanken und Gefühle, aus Liebe zu uns selbst, durch unsere Schwingungen ins Universum senden! Das Universum sendet uns dessen Resonanz zurück.

Ich habe beide Bücher im Alter von 29 Jahren gelesen und in meinem Unterbewusstsein gespeichert. Dank der praktischen Erfolgsphilosophie von Napoleon Hill bin ich tatsächlich ein positiver, selbständiger und erfolgreicher Geschäftsmann geworden.

Ich war zu 100 Prozent auf mein Ziel fokussiert, arbeitete noch als Steward bei der Schweizerischen Speisewagen Gesellschaft und schaffte es gerade so, meine Familie zu ernähren.

Jeden Abend arbeitete ich an dieser Philosophie und fühlte mich emotional wie ein selbständiger Geschäftsmann. Ich hatte weder finanzielle Mittel noch eine abgeschlossene Schulausbildung. Ich lebe in der wahrscheinlich besten Volksdemokratie der Welt. Man gestaltet die individuelle Wirklichkeit ganz anders als sonst auf der Welt. Die Freiheit in der Schweiz vor der europäischen Diktatur ist toll. Damit kann ich mich sehr gut identifizieren. Ich ziehe meinen Hut vor der Schweiz.

Mit Begeisterung lernte ich, mich mehr zu lieben, an mich zu glauben und mich zu stärken. Ich wusste, dass ich eine große Intuition, Kreativität und Sensibilität besaß. Ich war fest entschlossen, etwas Neues zu wagen, ich wollte in Würde leben, unabhängig und frei sein, ich wollte es nicht mehr ertragen, von einem ungebildeten Chef wie ein kleiner Wurm behandelt zu werden. Ich wollte stolz auf mich sein, Erfolg haben und mehr Geld verdienen. Meine Selbstliebe hat mich durch einen neuen Prozess geführt. Ich wusste intuitiv, dass ich auf dem richtigen Weg war.

Die Chancen im Leben kommen oft als Nachteile verkleidet und prüfen uns eine Zeit lang, wie stark wir sind. Die lebendige Intelligenz des Universums sieht uns hundertmal fallen und hundertmal wieder aufstehen, und irgendwann erhalten wir die Urkunde des Siegers. Das Universum will Sieger erschaffen und macht es nur möglich, wenn wir unermüdlich weitermachen und nur dann werden unsere Träume wahr.

Ich hatte jeden Tag einen wichtigen Termin mit dem Buch, las jeden Tag 20 Minuten und machte alle schriftlichen und mentalen Übungen. Ich wollte mein Leben verändern. Ich war begeistert, ich hatte die Lösung in der Hand, die ich brauchte. Ich habe mein Unterbewusstsein auf Erfolg programmiert. Ich wusste noch nicht, wie ich Erfolg haben würde, das überließ ich dem Unterbewusstsein und der Universellen Intelligenz.

Die Synchronisation aus dem Universum, wie sie der Schweizer Carl Jung beschreibt, kam wirklich aus heiterem Himmel: Eines Tages kam ein Kollege auf mich zu und lud mich ein, mit ihm zusammen eine Diskothek in Zürich zu eröffnen. So wurde ich mit 30 Jahren vom einfachen Arbeiter mit Bankschulden und ohne Ausbildung zum erfolgreichen Geschäftsführer und Teilhaber des legendären Zürcher Flamingo Clubs 1982/1994. Mein Unterbewusstsein war klar programmiert, meine Intuition voller Selbstvertrauen. Ich habe mich an die Anweisungen der Universellen Resonanz gehalten, die ich ganz automatisch durch meine Intuition erhalten habe!

Erfolgreiche Menschen wissen genau, was sie wirklich wollen, setzen sich ein klares Ziel und motivieren sich mit einer klaren Vision. Erfolgreiche Menschen geben niemals auf. Sie wissen, dass jede Niederlage nur ein Zwischenschritt zum Lernen ist. Sie machen weiter, bis sie den richtigen Weg zum Erfolg gefunden haben.

Richten wir die volle Energie unserer Gedanken weiter auf unser inneres Bild, visualisieren wir unser Ziel, in unserem Fall «Wunderquelle Selbstliebe, für immer fit und zufrieden», und stellen wir uns vor, wie wir uns mit unserem Idealkörper fühlen, wie wir fitter und schmerzfreier laufen, schwimmen oder Rad fahren können und wie wir mit unserem Leben, ohne perfekt zu sein, rundum zufrieden sind.

Gewöhnen wir uns an, Sport zu treiben, nehmen wir uns die Zeit dafür als die beste Zeitinvestition unseres Lebens. Alles ist unglaublich wichtig.

Wir ersparen uns viel Leid, deshalb ist es am besten, sich emotional zu schützen. Wir lernen, kluge und überlegte Entscheidungen zu treffen. So sind wir in allen Lebensbereichen zufrieden.

Wenn Sie Ihren Wunsch mit den Kräften Ihres Unterbewusstseins verbinden, werden Sie unendliche Möglichkeiten und erstaunliche Erfolge erleben.

Ihr Unterbewusstsein liebt Ihr Vertrauen, Ihre präzisen, starken, inneren, bildhaften und klaren Anweisungen, um schlanker zu werden und klüger zu leben.

Das Unterbewusstsein ist wie ein allmächtiger Transformator geistiger Inhalte, von dem auch die Wissenschaft bis heute nicht 100% genau weiß, wie es wirklich funktioniert. Was wir aber wissen: Geistige Inhalte werden in aktive Energie, in Wirklichkeit umgewandelt.

Treiben Sie Sport, laufen, schwimmen, Biken, Etc. und genau in dem Moment, in dem Sie sich voll anstrengen, stellen Sie diese Frage noch einmal. Ihr Gehirn hat einen Sender, der mit der Intelligenz des Universums verbunden ist. Das Universum antwortet plötzlich und unerwartet durch Ihre Intuition und gibt Ihnen die richtige Antwort, oder durch synchronisierte Ereignisse.

Die Kraft des positiven Denkens kann etwas Erfreuliches, Bereicherndes sein. Eine wahre Kraftquelle. Der Anstoß, sich selbst intensiv zu begegnen und das Leben ganz neu und freier zu sehen. Wer einmal gelernt hat, gut mit sich allein zu sein, wird zu tieferen Formen der Verbundenheit finden. Mit sich selbst, mit anderen Menschen, mit Tieren, mit dem Universum.

Die Kraftquelle der Liebe selbst ist mehr als eine zufällige optimistische Lebenseinstellung. Sie ist ein fester und unerschütterlicher Antrieb in uns, der sich in unserem Leben von selbst entfaltet. Diese Kraft ist unendlich und zu allem fähig. Von nun an wollen wir immer klüger denken und fühlen, mit einem gesunden Selbstwertgefühl, auch wenn wir heute nicht perfekt sind, auch wenn wir noch leiden.

Alles loslassen, was uns kränkt und unglücklich macht. Unglücklich sein ist ein Auslöser, der uns täglich zum Kühlschrank treibt.

Irgendwann habe ich gelernt, dass ich nichts verliere, dass die Dinge so kommen müssen, damit ich das Leben verstehe. Ich kann mich an nichts festhalten und alles fließt, wie es fließen muss. Manches geht und anderes kommt. Nur meine Selbstliebe ist mir treu.

Nach vielen Enttäuschungen habe ich gelernt, mich von undankbaren Menschen zu trennen, die von mir profitieren könnten, sich aber so verhalten, als hätte ich ihnen nie geholfen. Manchmal braucht mein Herz länger, um zu akzeptieren, was mein Verstand schon weiß.

Wir werden klüger durch Selbstliebe, Vergangenes ist vergangen und jetzt ist alles, was ist.

Die unerwartet Heißhunger verspüren:

Drei geniale Atemzüge Wiederholen Sie diese einfache Übung täglich mehrmals morgens, nachmittags und abends, bis Sie sich, Ihre Seele, Ihren Geist und Ihren Körper zu 100% lieben und schlank und zufrieden leben. Und immer vor jeder Mahlzeit!

Ich atme ganz tief ein und komme zu mir, (5 Sekunden Luft anhalten) Ich atme langsam aus und entspanne meinen Rücken, meinen Bauch, meinen Kopf, meinen ganzen Körper locker, entspanne.

Ich atme ganz tief ein und bleibe in meiner Mitte (5 Sekunden Luft anhalten) Ich atme langsam aus und entspanne meine ganze Psyche, meine Seele, meine Gedanken... Alles, was stört, ist jetzt weg.

Ich atme viel helles Licht und unendliche LIEBE in mein Herz ein (5 Sekunden Luft anhalten) Ich atme langsam aus und schenke meinem Körper mit einem Lächeln reine Schwingungen von hellem Licht und unendlicher Liebe.

Wir lernen uns als Liebende kennen und entdecken uns neu, akzeptieren und lieben uns bedingungslos.

Sobald wir das alte, nutzlose Kraut, das unsere Energie raubt, entfernt haben, ist der Boden in unserem Garten des Unterbewusstseins wieder frei, um neue Blumen zu pflanzen.

Wir wissen aus unserem eigenen Leben, dass jeder Gedanke, der mit starken Gefühlen aufgeladen ist, eine starke Tendenz zur Verwirklichung hat. Jeder von uns kennt das Gefühl des Erfolgs. Selbst ein kleiner Erfolg ist bereichernd. Eine Liebe, ein Studium, eine Prüfung, ein Job, eine Partnerschaft, ein Wunsch, ein Traum usw.

Solange wir nicht lernen, uns wirklich zu lieben, unsere Gedanken und Gefühle zu beherrschen, sind wir ihnen ausgeliefert. Wie ein Spielball werden wir hin und her geworfen. Die alten Gewohnheiten führen uns weiter und wir essen alles, was ungesund ist, meistens schnell, damit wir gar nicht merken, was wir tun, obwohl wir uns vorgenommen haben, schlank und klug zu sein.

Es liegt an uns, diese Erkenntnis, meist nach einem langen, einsamen Leidensweg, endlich zur Kenntnis zu nehmen und zu nutzen. Seelisches Fehlverhalten kann viele gesundheitliche Störungen verursachen:

Unbewältigte, verdrängte Probleme bleiben im Unterbewusstsein, führen zu Störungen und schließlich zu Krankheiten. Es ist nicht übertrieben zu sagen: Probleme machen krank. Herzinfarkt, Schlaflosigkeit trotz Müdigkeit, Kopf- und Rückenschmerzen. Der Arzt findet keine funktionellen Störungen. Die Ursachen sind bekannt: falsche Lebensweise, innere Unruhe, mangelndes Selbstwertgefühl. Meist unverarbeitete, verdrängte Probleme.

Aber jetzt haben wir neue Werkzeuge, um uns selbst zu heilen: Durch Bewegung mehr Sauerstoff ins Gehirn zu pumpen und mehr Glücksbotenstoffe zu produzieren.

„Die Wahre Lebenskunst besteht darin, im alltäglichen das Wunderbare zu sehen, Glück ist kein Ziel, Glück ist eine Art zu leben"

Jasmin Cuenca Cetiner

Endorphine

Ich bin ein großer Musikfan und höre jeden Tag gerne Musik über Kopfhörer. Ich tanze auch sehr gerne Salsa. Die Musik und das Tanzen geben mir stundenlang ein tolles Glücksgefühl durch die Endorphine, die in meinem Körper freigesetzt werden. Ich treibe regelmäßig Sport. Ich habe meine eigene Arbeit und Sporttagebuch. Neben Leistungen und Terminen schreibe ich meine Gedanken und Gefühle auf.

Wir begeben uns nun in die faszinierende Welt der Neurobiologie, um zu verstehen, was Endorphine sind, wie sie aufgebaut sind und warum sie als Neurotransmitter ein zentraler Bestandteil unseres Nervensystems sind. Außerdem erfahren Sie, wie diese Hormone ausgeschüttet werden und warum sie oft mit heilsamen Glücksgefühlen in Verbindung gebracht werden.

Was sind Endorphine? - Eine Einführung in die Neurobiologie Endorphine sind körpereigene Substanzen, die als Neurotransmitter fungieren und schmerzlindernd und stimmungsaufhellend wirken. Sie sind Teil der menschlichen Reaktion auf Schmerz, Stress und Freude. Diese wichtigen biochemischen Verbindungen spielen eine wesentliche Rolle in der Neurobiologie und rücken zunehmend in den Fokus der Forschung.

Endorphine sind Peptidhormone des zentralen Nervensystems, die die natürliche Schmerz- und Stressbewältigung des Körpers unterstützen und ein allgemeines Gefühl des Wohlbefindens und der Zufriedenheit hervorrufen.

Endorphine dienen als natürliche „Selbstliebe"-Chemikalien des Körpers und sind für Gefühle wie Freude, Begeisterung und Schmerzlinderung verantwortlich. Sie beeinflussen eine Vielzahl physiologischer Funktionen, einschließlich Appetit und Immunsystem.

Es ist bekannt, dass regelmäßige körperliche Aktivität die Produktion von Endorphinen steigern kann, wodurch sich viele Menschen nach körperlicher Aktivität glücklicher und entspannter fühlen.

Leichtes Laufen Einsteigerprogramm

1. Woche	1. Tag	2 Min. Laufen 2 Min. Gehen 2 Min. Laufen
	2. Tag	2 Min. Laufen 2 Min. Gehen 2 Min. Laufen
2. Woche	1. Tag	3 Min. Laufen 3 Min. Gehen 3 Min. Laufen
	2. Tag	3 Min. Laufen 3 Min. Gehen 3 Min. Laufen
3. Woche	1. Tag	4 Min. Laufen 3 Min. Gehen 4 Min. Laufen
	2. Tag	4 Min. Laufen 3 Min. Gehen 4 Min. Laufen
4. Woche	1. Tag	4 Min. Laufen 3 Min. Gehen 4 Min. Laufen
	2. Tag	4 Min. Laufen 3 Min. Gehen 4 Min. Laufen
5. Woche	1. Tag	5 Min. Laufen 2 Min. Gehen 5 Min. Laufen
	2. Tag	5 Min. Laufen 2 Min. Gehen 5 Min. Laufen
6. Woche	1. Tag	7 Min. Laufen 2 Min. Gehen 7 Min. Laufen
	2. Tag	7 Min. Laufen 2 Min. Gehen 7 Min. Laufen
7. Woche	1. Tag	9 Min. Laufen 1 Min. Gehen 9 Min. Laufen
	2. Tag	9 Min. Laufen 1 Min. Gehen 9 Min. Laufen
8. Woche	1. Tag	12 Min. Laufen 2 Min. Gehen 12 Min. Laufen
	2. Tag	12 Min. Laufen 2 Min. Gehen 12 Min. Laufen
9. Woche	1. Tag	15 Min. Laufen 1 Min. Gehen 15 Min. Laufen
	2. Tag	15 Min. Laufen 1 Min. Gehen 15 Min. Laufen
10. Woche	1. Tag	30 Min. Laufen
	2. Tag	30 Min. Laufen

Sich selbst zu besiegen ist olympisches Gold, fit zu werden und zu bleiben und sich mehr zu bewegen, wirkt sich positiv auf die gesamte Lebenseinstellung aus. Man wird zum Champion seines Lebens. Das Selbstbewusstsein steigt enorm. Man wird innerlich ruhiger. Der Adrenalinspiegel steigt und man fühlt sich auf natürliche Weise zufrieden.

Am besten fängt man langsam, aber regelmäßig an. Ein paar Minuten reichen für den Anfang. Am besten eine Routine, immer am gleichen Tag und zur gleichen Zeit, 4-mal pro Woche. Ein paar Minuten langsam laufen, dann kurz gehen und wieder langsam laufen. Zur Erholung danach eine erfrischende Dusche als Belohnung.

Die stärkste Kraft, die Sie haben, ist die Fähigkeit, sich streng zu motivieren. Wollen Sie fit leben? Stimulieren Sie Ihr starkes Selbstvertrauen jeden Tag für 5 Minuten. Bauen Sie Momente absoluter Entschlossenheit und Motivation auf, als ginge es um Ihr gesundes Leben. Die größte Trophäe, die Sie jetzt erreichen können. Das Unterbewusstsein wird Ihre Schwingungen aufnehmen und Ihnen durch Ihre Intuition einen Weg mit neuen Ideen übermitteln. Sobald Sie diese erhalten haben, verbeugen Sie sich ein wenig und danken Sie Ihrem Unterbewusstsein dafür.

Motivieren Sie sich selbst, indem Sie sich zum Ziel setzen, gesund und zufrieden zu leben. So wird es Ihnen gelingen, gesund und fit, emotional stabil und schmerzfrei zu leben. Keine Ausreden mehr! Jetzt haben Sie einen Plan, legen Sie los! Nehmen Sie sich vor, um jeden Preis weniger Zucker zu essen, Ihre schwachen Muskeln zweimal täglich 5 Minuten zu dehnen und Ihren Bauchumfang mit 100 Sit-Ups zu reduzieren.

Versuchen Sie immer wieder, jeden Tag, jeden Abend, sich das gewünschte Ergebnis hypnotisch vor dem Spiegel vorzustellen. Stellen Sie sich Ihren Traumkörper vor. Stellen Sie sich die vielen Vorteile vor, die fit sein Ihnen bringen wird. Die vielen begeisterten Komplimente Ihrer Partner/in, Ihrer Familie, Ihrer Nachbarn, Ihrer Kolleginnen und Kollegen. Wenn Sie auch beruflich davon profitieren können, stellen Sie sich vor, wie stolz Sie sein werden.

Was verstehe ich unter eine Trance?

Trance ist ein neuer, moderner Begriff für Gedanken, Gefühle und Emotionen. Eine Trance ist die Ursache eines Symptoms, das nicht mit der Gegenwart unseres Lebens übereinstimmt. Stephen Wolinsky im Interview mit Margaret O. Ryan. Die alltägliche Trance. Verlag Alf Lüscher.

1994 besuchte ich ein Seminar von Dr. Stephen Wolinsky am Institut für Angewandte Kinesiologie in Freiburg D. Er zeigte Therapeuten und Hypnose-Coaches, wie diese Trancen, Angst, Schuld, seelische Verletzungen, Minderwertigkeit usw. seit der Kindheit als Schwingungen in unserem Körper gespeichert sind.

Eine Trance ist für mich ein übertragener Gedanke oder ein übertragenes Gefühl, das aus der Vergangenheit stammt und durch seine Wirkung in der Gegenwart fokussiert wird, wo es augenblicklich unsere Gegenwart verändert. Eine Trance ist ein selbsthypnotischer Zustand, der in der Vergangenheit erzeugt wurde und in der Gegenwart immer wieder automatisch auftritt, und wenn wir ähnliche emotionale Situationen wie in der Vergangenheit erleben, steigt diese Trance wieder auf und wir fühlen uns in der Gegenwart genauso blockiert, gekränkt, verletzt, verängstigt usw. wie in der Vergangenheit.

Wir sehen die Gegenwart durch die Augen des Kindes, das diese Trance erlebt hat und seine Emotionen, die immer noch als Trance in uns leben!

Ich glaube, jeder Mensch hat Trancen im Unterbewusstsein. Verletzungen und Kränkungen. Wir lernen durch Selbstliebe im Hier und Jetzt zu bleiben, durch die Atemtechnik, Meditationen und positive Selbstbeeinflussung.

Unser ganzes Leben ist geprägt von den Eindrücken der Vergangenheit. Wir haben eine wunderbare Ressource in uns. Die Quelle der Selbstliebe! Sobald wir durch Atemübungen bewusst aus der Vergangenheit in die Gegenwart zurückkehren und uns mit Liebe, Ruhe und Zufriedenheit erfüllen, haben diese Trancen weniger Kraft und wir können unsere Gedanken und Gefühle klug auf unserem schönen schlanken Weg halten. Meditationstext Seite 44

Eine Übung für die Heilung des inneren Traumas.

Denken Sie daran, wie Sie sich gefühlt haben, als Sie das letzte Mal abgelehnt, kritisiert, im Stich gelassen, beschimpft wurden? Beleidigt wurden? Verletzt wurden?

Mit der Vorstellungskraft in den gleichen Moment zurückgehen, die gleiche Erfahrung wieder aktivieren, den Schmerz in der Seele spüren, weinend traurig sein, die schmerzhaften Gefühlsreaktionen wieder hochkommen lassen, bewusst werden, 5 Minuten im Schmerz warten und dann mit ruhiger, liebevoller Stimme das innere traumatisierte Kind begrüßen:

Hallo, wie geht es dir?

Wie kann ich dir helfen?

Was schmerzt dich am meisten?

Was kannst du niemandem sagen?

Das Kind laut ausreden lassen, ihm geduldig zuhören.

5 Minuten lang mit dem Kind sprechen.

Fragen stellen und zuhören.

Respektiere Sie seine Gefühle.

Das Kind liebevoll und schützend umarmen.

Dem Kind, das Sie noch sind, im Herzen den besten Platz geben.

Beide Hände liebevoll auf das Herz legen und dem Kind liebevoll sagen:

«Ich beschütze dich, niemand wird dir etwas tun, versprochen!»

«Meine Liebe ist zuerst für dich da, ich liebe dich über alles!»

«Ich verspreche dir ein schönes Leben, so wie du es willst!»

Wen wir etwas verändern wollen, müssen wir auch unsere Gedanken und Emotionen im Unterbewusstsein verändern. Was auch immer wir neu erleben wollen, wir müssen es bewusst herbeiführen!

Erschaffen wir uns Gewohnheiten, um fitter und Zufriedener zu leben. Selbst die kleinste Veränderung in unsere Vorhaben führt sofort zu einer entsprechenden Veränderung in unseren Körper und damit in unserem gesamten Leben.

Die Welt ist voller Leiden, aber auch voller Möglichkeiten, Leiden zu überwinden. *Helen Keller*

Die Autosuggestion

Der Begriff "Autosuggestion" kann auch als (Selbst-)Hypnose verstanden werden. Die Gedanken und Vorstellungen, die wir mit Stolz und Würde denken und fühlen, schaffen das Wunder, das Unterbewusstsein zu aktivieren und im gewünschten Sinne zu beeinflussen.

Ich selbst habe durch mein Leben vieles erreicht, nur durch den Glauben, dass ich es auch schaffen werde. Ich kam in der Schweiz mit 13 Jahren, es war eine neue Welt für mich, andere Mentalität, andere Lebensart. Ich besuchte die 3 und 4 Sekundarschule und unterbracht meine Lehre in der Gastronomie. Ich habe gelernt, mich weiterzuentwickeln, indem ich Seminare für mentales Training besuchte und viele Selbsthilfebücher darüber las, wie Gedanken und ihre Resonanz funktionieren. Aus diesem Grund liebe ich Affirmationen und Selbsthypnose mit glücklichen Bildern und Gefühlen, die mir helfen, mein Ziel zu erreichen.

Das Unterbewusstsein weiß, was zu tun ist! Deshalb muss ich diese Bilder und Emotionen wirklich mit einer glaubwürdigen und mir vertrauten Stimme in mein Unterbewusstsein einprägen. Das Unterbewusstsein hört und befolgt jede Anweisung, die ihm mit Bestimmtheit und Vertrauen gegeben wird.

Die echte Sonne unseres Lebens

Liebe ist wie die Sonne auf Erden. Sie ist die Kraftquelle in unser Blut, in unseren Genen, in unsere Immunsystem, in unsere Gedanken und Empfindungen. Liebe schenk Heilung, Gesundheit und Lebensfreude.

Mit ihr können wir alles überwinden, was unserem Glück und Wohlergehen im Wege steht und unser seelisches Gleichgewicht stört. Daran wollen wir immer denken und es für immer festhalten. Wie viel Angst und Sorge uns auch bedrücken mag, wir wissen, dass wir sie überwinden können. Unsere Selbstliebe mit ihrer ungeheuren geistigen und seelischen Kraft vermag alle Ängste zu überwinden.

Niemand soll glauben, die Angst müsse sein Leben lang sein ständiger Begleiter sein. Wem es gelingt, zu Ruhe und Zufriedenheit zu schwingen, statt sich zu ängstigen und zu sorgen, hat den ersten Schritt getan.

Eine der besten Methoden, Ängste zu überwinden, ist die bewusste innere Stille, Selbstliebe und Empathie. Wie gesagt, jedes Problem kann geheilt werden. Fangen wir an, so zu tun, als ob wir uns selbst sehr lieben. Tun und leben wir so, als ob wir Vertrauen in unsere Selbstliebe hätten.

Gleichzeitig müssen wir negative Emotionen sofort durch positive Emotionen Ersetzen. Wir müssen lernen, uns unserer Gefühle bewusst zu werden und auf alles, was wir fühlen, zu achten. Das wird nicht immer angenehm sein, denn es ist eine unerbittliche und unangenehme Selbstbeobachtung. Lasst uns lernen, vollkommen ehrlich zu uns selbst zu sein.

Die Freude am Leben ist nichts anderes als eine Schwingung, die wir in uns selbst erzeugen. Je angenehmer und aufbauender unsere Frequenzen sind, desto weniger können uns unangenehme und zerstörerische Frequenzen beeinflussen.

Ruhe und Zufriedenheit im Leben

Auch die Liebe ist nichts anderes als eine Schwingung. Alles im Universum schwingt. Alles ist in Bewegung. Je ruhiger und zufriedener unsere Frequenz ist, desto weniger können uns unangenehme und zerstörerische Frequenzen beeinflussen.

Unser Unterbewusstsein ist seit unserer Kindheit mit Schwingungen aufgeladen, wir sind uns meist nicht bewusst, was wir nach außen, ins Universum, schwingen. Und das Universum sendet uns die gleiche Frequenz zurück, sie kommt als Echo oder Bumerang in Form von Ereignissen zu uns zurück und manifestiert sich in unserer Erfahrungswelt als unsere Realität.

Sie wollen zu neuen Ufern aufbrechen? Schlank, gesund, erfolgreich?

Wie der Schweizer Carl Jung in seinen Büchern beschreibt, tragen wir Schatten in uns, die wir nicht sehen können oder nicht sehen wollen. Diese Schatten haben auch eine magnetische Anziehungskraft in unserem Leben.

Dieses Arbeitsbuch wird Ihnen am meisten nützen, wenn Sie sich zunächst introspektiv durch Selbstbeobachtung, durch innere Prozesse, Ihre eigenen gespeicherten Glaubenssätze bewusst machen und auch die unbewussten Trancen oder Schatten, die schon lange in Ihrem Inneren schlummern, beobachten, bearbeiten und durch die Kraft der SELBSTLIEBE bewusst verändern. Nehmen Sie sich Zeit für sich.

Denn wie Sie die Welt sehen, ist abhängig von der Frequenz, den Schwingungen, die in Ihrem Unterbewusstsein gespeichert sind.

Beantworten Sie die Frage am besten in tiefer Selbstreflexion.

Möchten Sie hier und jetzt glücklich werden?

Sagen Sie Nein zu allem, was Sie belastet.

Es ist Ihr Recht, sich zu wehren. Ohne Rechenschaft. Ohne Schuldgefühle. Das "NEIN" ist oft das Beste für Ihr gesundes Leben. Leben Sie in der Gegenwart. Gestalten Sie Ihre Realität so, wie sie zu Ihnen passt.

Suchen und finden Sie Ihren eigenen Selbstwert. Gestalten Sie Ihr Leben so, wie es Ihnen gefällt, wie Sie es wollen und wie Sie es sich wünschen.

Sprechen Sie mit erfolgreichen Menschen. Machen Sie eine kleine Inventur Ihrer alten Überzeugungen. Die Zeiten ändern sich. Was gestern gut war, ist heute vielleicht nicht mehr wichtig. Sich von kompetenten Beratern helfen zu lassen, ist Pflicht und Lebensaufgabe eines jeden. Endlich jeden Tag fitter und klüger werden. Das bedeutet, überlegt, entschlossen, konsequent, ausdauernd und zielstrebig zu bleiben. Welche Affirmation passt jetzt am besten für Sie?

«NEIN»

«Ich bin schnell satt»

«Ich habe genug, danke»

«Ich bin fit und zufrieden»

«Ich liebe den leeren Bauch"

«Ich achte darauf, was ich esse»

«Ich bin bereit für mein neues Leben»

«Meine Gesundheit normalisiert sich»

«Ich habe die richtige Entscheidung getroffen»

«Ich fühle mich immer besser, wenn ich weniger esse»

«Ich halte mich jeden Tag an meinen Ernährungsplan»

«Ich ersetze Blockaden durch neue Liebevolle Emotionen»

Gut beraten ist halb gewonnen

Mit 20 habe ich die ersten Kilos zugenommen. Ich hatte zu viel Speck auf den Rippen. Vorher war ich sehr sportlich, habe viel und gut gegessen, aber durch den Sport habe ich viele Kalorien verbrannt und war schlank und fit. Mein Leben hat sich in sehr jungen Jahren verändert. Kein Sport mehr, kein Discotanzen und ich hatte emotionale ÄNGSTE und SCHULDGEFÜHLE, weil ich ein stressiges neues Leben hatte, privat und beruflich. Plötzlich war ich emotional sehr gestresst, unerwartete Lebensumstände, die mir weh taten. Aus innerer Unruhe aß ich sehr viel und trank auch sehr viel Alkohol, als ich um Hilfe und Stärkung rief!

Mit 44 Jahren wog ich 93 kg. mit 1.70 m. fühlte ich mich unwohl, bis ich dank Mentaltraining und Hypnose von Mary Bray, Doppelbürgerin CH/USA, Psychologin, von 93 kg. auf 75 kg. abspeckte.

Wir waren eine Gruppe von 20 schlanken Kandidatinnen und Kandidaten in ihrem Kurs »Schlank für immer«. Anfangs waren wir alle skeptisch. Aber nach 4 Wochen hatten ich und 18 andere Teilnehmerinnen und Teilnehmer durchschnittlich 2 kg und nach 5 Wochen 3 kg abgenommen. Bis auf eine Frau, die sehr negativ eingestellt war und sich kein klares Ziel setzen wollte.

Bei Mary habe ich gelernt, mich zu entspannen, meine Ruhe zu finden, mein Selbstvertrauen zu stärken, mich von Menschen zu distanzieren, die mir nicht gut tun, mich selbst wertzuschätzen und ein klares Ziel im Unterbewusstsein zu verankern und dieses Bild mehrmals täglich mit Vorstellungskraft zielstrebig zu aktivieren und mich bewusst aktiv zu bewegen.

Mit Hilfe von Selbstsuggestionen und gezielten Affirmationen habe ich mich verändert. Ich wurde mir selbst wertvoll und auch ohne perfekt zu sein, lernte ich mich zu lieben und konnte mein geliebtes Ersatzessen viel besser kontrollieren. Ich hatte ein neues Schlankheitsprogramm in meinem Unterbewusstsein. Unterstützt durch die häufigen Wiederholungen der Autosuggestionen mit positiven Vorstellungen veränderten sich meine Gedanken und Gefühle.

Ich habe mir das Buch von James F. Fixx gekauft. Alles über das Laufen. Ich begann mit dem Programm aus dem Buch. Ich zog meine einzigen Turnschuhe, eine alte kurze Sporthose und irgendein T-Shirt an und lief los, entlang der Glatt im Kanton Zürich, die vom Greifensee kommt und von links in den Rhein mündet. Mit kleinen, unsicheren Schritten trottete ich der Freiheit entgegen. Mein Bauch war dick wie eine riesige Wassermelone. Ich fühlte mich wie ein schwergewichtiger Bär.

Das Joggen tat mir gut. Montags, dienstags, donnerstags und freitags startete ich nach der Arbeit. Nach drei Monaten konnte ich 45 Minuten am Stück langsam laufen. Durch das Joggen konnte ich körperlich etwas für mein Selbstbewusstsein tun. Ich habe abgenommen und meine Psyche gestärkt. Mein Selbstvertrauen und meine Selbstliebe waren plötzlich da!

Ich war begeistert von Mary's Pusch ins Unterbewusstsein und ihrer Methode. Ich ließ mich von Mary Bray zum Personal Trainer für ihren Kurs »Schlank für immer« ausbilden.

Wenn man den Anweisungen in diesem Buch folgt, kann man ein schlankes, schönes Leben führen. Ansonsten lohnt es sich, mit guten Kollegen/innen zusammen anzufangen und sich gegenseitig zu ermutigen. Dazu gehören:

- Wöchentliche Kontrolle und individuelle Beratung und Begleitung bei der Ernährungsumstellung, um gesund, schlank und fit zu leben.

- Eine neue starke Eigenmotivation, mehr Endorphine, mehr Bewegung, regelmäßige Affirmationen.

- Alte emotionale Blockaden, die das Abnehmen erschweren, erkennen und auflösen. NEIN sagen können!

- Gemeinsam neue, freudvolle Ziele setzen und erreichen.

Lernen, sich selbst viel mehr zu lieben

Selbstliebe ist nicht zu verwechseln mit Narzissmus. Ein Narzisst ist überheblich und arrogant. Ein Narzisst kann weder sich selbst noch andere lieben. Selbstliebe ist Selbstakzeptanz mit allen Stärken und Schwächen.

Es gibt eine gesunde, bedingungslose Selbstliebe. Sie ist die Voraussetzung, die Basis für die Liebe zu anderen Menschen. Der Begriff ist sinnverwandt mit Selbstachtung, ein schönes Leben zu führen und sich selbst und andere mit der gleichen Liebe zu achten und zu respektieren.

Unsere Seele ist oft einsam und wartet darauf, endlich schöne Gefühle und treue Liebe zu erfahren. Wenn wir uns selbst keine Liebe geben können, erwarten wir sie von anderen. Wir tun alles, damit sie unserer Seele Liebe geben. So sind wir lenkbar und bekommen oft Liebe zurück. Doch wahre Liebe kann nur gegeben werden. Wir werden zu Bettlern um Liebe.

Oft werden wir von Menschen, die uns geliebt haben und die wir immer noch lieben, im Stich gelassen oder sie entziehen uns ihre Liebe, weil wir uns nicht mehr so verhalten, wie sie es gerne hätten!

Wenn wir nicht lernen, uns selbst bedingungslos zu lieben, bleiben wir leichte Opfer und sind erpressbar.

Es gibt viele Gründe zu leiden: körperliche Krankheiten und psychische Störungen. Aber es gibt keinen einzigen Leidenszustand, den die Selbstliebe nicht heilen oder zumindest lindern könnte. Buch von Werner Ablass, Leide nicht Liebe, Omega Verlag. Wer liebt, muss übrigens keineswegs heilig werden, muss nicht passiv und wehrlos als Opfer leben. Wer gesund auf sich achtet, kann deshalb auch Nein sagen und Grenzen setzen.

Selbstfürsorge ist Ehrensache Die Praxis der Selbstfürsorge ist das tägliche Bekenntnis zu sich selbst. Es bedeutet, sich selbst mit der gleichen Geduld, Freundlichkeit und Wertschätzung zu begegnen, die wir oft anderen entgegenbringen. Liebe dich selbst genug, um ein gesundes Leben zu führen. Nikotin, Alkohol, Drogen, Zucker und Stress sind heute ein selbstzerstörerischer, liebloser Lebensstil. Es ist wichtig, Grenzen zu setzen.

Nein zu sagen, ohne sich schuldig zu fühlen, ist eine Kunst, die gelernt werden muss. Mit Affirmationen können wir unserem Unterbewusstsein Anweisungen geben, wie wir frei leben wollen, aus reiner Freude an uns selbst. Indem wir lernen, uns selbst Grenzen zu setzen, schützen wir unsere Energie und unser Wohlbefinden.

Indem wir uns selbst an die erste Stelle setzen, nicht aus Egoismus, sondern aus Selbstachtung, öffnen wir die Tür zu echtem Mitgefühl und echter Hilfe für andere. Wem kann man helfen, wenn man krank, schwach und finanziell am Ende ist?

Zeit für sich selbst, in der Stille liegt die Kraft. Zeit für sich selbst ist wichtig, um mit sich selbst in Kontakt zu kommen und die eigene Mitte zu finden.

Manche Menschen entwickeln ein Helfersyndrom, um ihr Selbstwertgefühl zu steigern. Indem sie anderen helfen, fühlen sie sich nützlich und wertvoll. Helfen kann auch eine Flucht sein, um sich nicht mit eigenen Problemen oder unangenehmen Gefühlen auseinandersetzen zu müssen.

Menschen mit Helfersyndrom neigen dazu, ihre eigenen Bedürfnisse und Wünsche zu ignorieren oder herunterzuspielen. Dies führt oft zu Erschöpfung, Groll und einem Gefühl der Leere.

Überverantwortliche müssen etwas tun, um Bestätigung von außen zu bekommen. In ihren Augen sind sie nichts wert, wenn sie nicht gebraucht werden. Da es ihnen an Selbstliebe mangelt, sind sie wie ein Topf mit einem Loch: Man kann noch so viel Anerkennung "hineinschütten", er wird nie "voll". Erst unsere Schwingungen der Selbstliebe geben uns die innere Erfüllung und Freiheit, die wir uns wünschen.

Bis man lernt, dass schöne Menschen ein Kompliment machen, dass zufriedene Menschen einen unterstützen, dass Sportler einen inspirieren, besser zu werden, und dass nur diejenigen, die nichts erreichen, nichts wert sind und sich immer über andere beschweren, versuchen, einen zu beleidigen.

Die Magie des Vertrauens

Wäre dies ein Film, würde in diesem Moment die Musik von Rocky erklingen. Sie sind dabei, die Kontrolle über Ihr Leben zurückzugewinnen, indem Sie sich den Dingen widmen, die Ihnen am wichtigsten sind: Fitness und Ernährung, die Liebe zu Ihrem Körper und der Kampf für Ihre Träume.

Nehmen Sie sich ein Beispiel an Menschen, die es aus dem Nichts geschafft haben. Wecken Sie den schlafenden Champion in sich und zeigen Sie sich selbst, dass Sie sich wirklich LIEBEN.

Die Glocken haben geläutet - es ist Zeit, das Beste aus sich herauszuholen. Sylvester Stallone, Buch, Lebe deinen Traum, Verlag riva Haben Sie schon einmal darüber nachgedacht, was Sie von Ihrem Körper erwarten? Wenn Sie diese Frage überrascht, haben Sie wahrscheinlich ein gestörtes Verhältnis zu Ihrem Körper. Wenn Sie nicht wissen, was Sie von Ihrem Körper erwarten, wie können Sie dann die Aufgaben, die Ihr Körper für Sie erfüllen soll, trainieren und stärken? Klingt logisch, oder?

Langfristige Gesundheit, Beweglichkeit, Ausdauer und Kraft. Welche Eigenschaften erwarte ich von meinem Körper, damit er all diese Anforderungen erfüllen kann?

Das ist echter Selbstrespekt, Ihr Körper verdient Ihre Treue, Sie sind der Kapitän Ihres Lebens? Dann machen Sie Ihr Schiff bereit für die Stürme und Tornados auf hoher See. Sie werden kommen. Seien Sie so gut wie möglich vorbereitet und überstehen Sie sie mit mentaler Stärke so gut wie möglich.

Das Leben stellt uns immer wieder vor Situationen, mit denen wir nicht gerechnet haben. Diese Phasen überstehen wir am besten mit einem gesunden Körper und einem klaren Geist.

Hinter jeder starken, unabhängigen Frau und jedem starken, unabhängigen Mann steht ein Kind, das auf sich selbst angewiesen ist und seine Freiheit über alles liebt, egal was es kostet.

Belohnungs- und Trostfutter

Bei mir kommt dieser Belohnung auch vor, aber dann auch nur, wenn ich besorgt oder unzufrieden bin oder mich irgendein emotionales Problem belastet und ich nach einer Lösung suche. Wenn ich Sport treibe oder mich mehr bewege, fällt es mir viel leichter, durchzuhalten. Es ist mehr zur Gewohnheit geworden. Wenn ich zu sehr unruhig bin, dann esse ich etwas!

Dann höre ich gerne die Selbsthypnose Texte der Seite 41 und nehme mir ein paar Tage hintereinander Zeit, um zur Ruhe zu kommen. Dann ist dieser Hungeranfall für sehr lange Zeit wieder vorbei. Aber ich bin auch ein Mensch, Sie sind auch ein Mensch, wir müssen Verständnis füreinander haben. Manchmal läuft nicht alles so, wie man es sich wünscht. Das ist bei allen Menschen so.

Sich morgens im Bett mit Selbstliebe zu erfüllen, ist das Beste, was wir uns selbst antun können. Wozu brauchen wir all unsere Intelligenz, wenn wir uns nicht selbst lieben?

Viele Emotionen können vorgeburtlich entstanden sein, vererbt werden oder aus früheren Leben stammen. Während meiner Ausbildung zum Mentaltrainer habe ich mich auch mit Rückführungen in frühere Leben beschäftigt und bin selbst in mehrere früheren Leben zurückgekehrt. Dabei habe ich festgestellt, dass die Emotionen, die heute noch in mir aktiv sind, auch schon in früheren Leben in mir waren!

«Wir finden immer Lösungen» *Marcel Diez*

Mental- Training

Malen Sie mit Farbe oder erstellen Sie eine Fotocollage, auf der Ihr Anliegen und das gewünschte Datum zu sehen sind:

Autosuggestion als Methode zur Unterstützung

Ich habe durch meine Lebenserfahrung und meinen Beruf als Hypnosecoach gelernt, dass die Entwicklung eines jeden Menschen seine vorherrschenden brennenden Wünsche widerspiegelt. Wir sind bereits durch unsere eigenen Gedanken seelisch beeinflusst und lernen, dass jeder tief verwurzelte Wunsch selbst kraftvoll nach Erfüllung strebt Diese bewusste oder unbewusste Haltung habe ich bei mir selbst und bei meinen Klienten erkannt. Sie ist der wichtigste, ja der einzig wirksame Faktor, der unsere Persönlichkeit und unseren Charakter formt.

Wir können unsere Rolle im Leben jederzeit ändern. Alles ist möglich. Der eigentliche Prozess der Umwandlung eines Wunsches in Realität und Wirklichkeit beruht auf der Anwendung der Autosuggestion, die das Tor zum Unbewussten ist und eine ungeheure Kraft in uns öffnet. Erfolg oder Misserfolg hängen nur von der richtigen positiven oder negativen Anwendung der Autosuggestion ab.

Das Unterbewusstsein wird jeder Selbstbeeinflussung mit Freude folgen. Bis es soweit ist, müssen wir zunächst unermüdlich und über einen längeren Zeitraum unsere starken Wünsche mit klaren Bildern aktiv und zielstrebig verinnerlichen.

Nehmen Sie sich mehrmals am Tag Zeit, morgens, nachmittags und abends, und verstärken Sie Ihre Motivation mit lauten und klaren Affirmationen:

«Ich kann NEIN sagen zu dem, was mich stört»

«Ich kann feindseligen Menschen Grenzen setzen»

«Ich bin frei, meinen Lebensweg selbst zu bestimmen»

Sie tragen einen unsichtbaren Talisman mit zwei verschiedenen magnetischen Seiten. Auf der einen Seite steht PME (Positive Mentale Einstellung), auf der anderen NME (Negative Mentale Einstellung). Dieser unsichtbare Talisman hat zwei verschiedene und überraschende magische Gaben: Er hat die Fähigkeit, durch magnetische Resonanz Gesundheit, Erfolg, Lebensfreude und Reichtum anzuziehen, wenn er mit PME graviert ist. Er hat auch die Fähigkeit, Unglück, Depression und Traurigkeit anzuziehen, wenn er mit NME graviert ist.

1. Achten Sie darauf, wo Ihr Körper das Verlangen nach Lustessen verspürt. Meistens ist es im Bauch. Schicken Sie genau zu diesem Körperteil Ihren positiven Segen der Liebe, wie ein Licht, beleuchten Sie dieses Körperteil, bis sich das Verlangen nach Lustessen im Licht der Liebe auflöst.

2. Bleiben Sie dran und verwechseln Sie die Fettverbrennung des Körpers nicht mehr mit Hunger. Wäre der Körper wirklich hungrig, würde er Fett aus den Reserven holen. Jetzt spüren Sie, dass Ihr Körper wirklich abnimmt. Unterbrechen Sie ihn nicht. Mit ca. 1300 Kcal pro Tag ist alles abgedeckt. Mengen und Kcal für Fit und Zufriedenheit auf Seite 51

4. Gewöhnen Sie sich an, einen Ernährungs-, Kalorien- und Bewegungstagebuch zu führen. Ein tägliches Defizit von ca. 500 kcal ergibt ein halbes Kilo leichter auf den Beinen pro Woche. Das ist realistisch und machbar.

5. Stellen Sie sich vor, Sie sind in der Zukunft eine fitte und zufriedene Person. Fragen Sie diese Zukünftige Person, die Sie bereits in der Zukunft sind, welche Methode die richtige war! Sie erhalten eine klare und zuverlässige Antwort durch Präkognition. Jetzt wissen Sie, wie Sie dieses Defizit erreichen können. Sie wissen es innerlich.

6. Wenn Sie sich mit ganzem Herzen, Kreativität und Entschlossenheit auf den Weg machen, wird es nicht umsonst sein. Ihr Unterbewusstsein ist mit der Unendlichen Weißen Intelligenz verbunden. Durch Ihren positiven Glauben kommen die Lösungen, die Sie glücklich machen.

Bewegung heilt emotionalen Stress und macht gesund

Ich gebe zu, dass ich immer wieder über das Leben staune. Wir leben in einer Galaxie auf einem Planeten namens Erde. Wir Menschen sind die Schöpfer eines riesigen Universums, des Universums unseres Körpers. Jeder Körper besteht aus etwa 100 Billionen Zellen, jede Zelle ist eine Galaxie aus Atomen.

Wir bestehen aus derselben Energie wie das Universum. Wir sind also Energie, die sich selbst entwickelt! Alles ist in ständiger Veränderung, nichts bleibt gleich. Dieses Gesetz gilt auch für mich, mein Leben hat sich immer wieder verändert. Und immer wieder hat mich der Sport emotional und körperlich geheilt.

Ich entwerfe immer wieder meinen schriftlichen und bildlichen Lebensplan, so wie ich es aus den Büchern von Mary, Napoleon Hill, Joseph Kirschner, Kurt Tepperwein und vielen anderen Coach gelernt habe.

Silvester Stallone hat mich in seinem Buch Lebe deinen Traum, mein bewährtes Fitnessprogramm für Traumfigur, Muskelaufbau und Willensstärke, inspiriert. Er schreibt, wir sollen das Leben herausfordern, sich gut zu fühlen heißt, sein Leben selbst in die Hand zu nehmen, man muss sich entscheiden. Nur wir können entscheiden, ob wir uns in Form bringen, uns gesünder ernähren und mehr Sport treiben wollen.

All die Schokolade, die belegten Brötchen, die Eiscreme, die Snacks zwischendurch, die Abende, die wir auf der Couch verbracht haben, die Vorsätze für den Tag, die nie in Erfüllung gegangen sind - alles kein Problem! Jetzt können wir alles wieder gut machen, indem wir unseren Körper verändern und damit unseren Geist über Jahre positiv beeinflussen für ein langes, gesundes Leben. Dann los!

Noch ist alles drin

Dale Carnegie schreibt in seinem Buch "Don't Worry, Live! Die Kunst, ein Leben frei von Ängsten und Sorgen zu führen". Dieses Buch hilft, grundlegende Tatsachen über Angst, Sorgen und Aufregung zu erkennen, Sorgen loszuwerden und geistig und körperlich fit zu bleiben.

Wir alle haben das Bedürfnis, unsere Schwierigkeiten, Ängste und Sorgen mit anderen Menschen zu teilen. Wir brauchen das Gefühl, dass es jemanden auf der Welt gibt, der bereit ist, uns zuzuhören und uns zu verstehen.

Die Psychoanalyse beruht zum Teil auf dieser heilenden Kraft. Der Schweizer Psychotherapeut Carl Jung. Ein Mensch kann sich selbst heilen und innere Spannungen lösen, indem er einfach ausspricht, was ihn krank macht! Sobald man seine Schattenseiten ausspricht, werden diese aus der Dunkelheit ans Licht geholt und verschwinden.

Haben Sie echte Vertrauenspersonen, die Ihnen wirklich helfen können? Oder sind diese Menschen zwar sehr nett, gute Kollegen, aber noch ängstlicher, negativer und kränker als Sie selbst? Lassen Sie sich also nur von Menschen beraten, die Erfahrung haben und erfolgreich sind. Viele gute Menschen in unserem Freundeskreis kränken uns noch mehr, weil sie selbst nicht weiterkommen.

«Schöpfung, gib mir die Gelassenheit zu akzeptieren, was nicht zu ändern ist. Den Mut zu ändern, was ich ändern kann. Und die Weisheit, das eine vom anderen zu unterscheiden»

Wir haben hellseherische Fähigkeiten.

a. Psi-: Im Hier und Jetzt sein, unsere Zukunft durch die Kraft der Vorstellungskraft erschaffen. Wir können unsere Realität wählen. Wir können uns selbst erschaffen, indem wir uns bemühen, das Leben zu leben, das wir leben wollen; ein Leben in Würde, glücklich, gesund, finanziell abgesichert und stolz auf uns selbst.

b. Telepathie: Ideen oder positive Impulse von der allumfassenden Intelligenz empfangen, Gedanken lesen, übernehmen oder weitergeben.

c. Hellsehen: Zukünftige Ereignisse oder Geschehnisse intuitiv wahrnehmen.

Dr. Joseph Murphy, Die Kraft Ihrer Gedanken, Gondrom Verlag.

Wir haben die Wahl, uns täglich auf Positives und Erfüllendes auszurichten. Deshalb ist es für jeden Menschen Gold wert, morgens und immer wieder Momente der Ruhe, des Friedens und der Stille zu finden, sich tief zu entspannen und tägliche Auszeiten zu nehmen, um den Tag mit freudigen und erfüllenden Bildern und Affirmationen zu beginnen.

Die Intuition ist auch ein elektromagnetisches psychisches universelles Wahrnehmungsradar, das Ihnen zur Verfügung steht. Die Intuition kann Ihnen plötzlich - wie ein Regenbogen - eine geniale Idee schicken, die Ihr ganzes Leben bereichern kann, oder Sie vor möglichen Gefahren warnen.

Die Kunst des Lebens besteht darin, das Beste aus den eigenen Fähigkeiten zu machen, den Kopf frei zu haben, positiv zu denken und den Augenblick zu genießen.

Die 5 Sinne

1. sehen, 2. hören, 3. schmecken, 4. fühlen und 5. riechen des Körpers bestehen aus Energiefrequenzen. Unsere Gedanken und Gefühle bestehen aus denselben Frequenzen. Unser Körper ist auch unser Ego in der gleichen Frequenz. Unser Körper reagiert unmittelbar auf alle Gedanken und Gefühle.

Wenn wir angespannt und gestresst sind, zeigt unser Körper die gleiche Wahrnehmung. Alles, was wir fühlen, zeigt sich also auch in einer bestimmten Reaktion unseres Körpers. Auch der Körper reagiert angespannt und nimmt meist mit viel Energie Nahrung auf.

Wir können den Körper mit angenehmen, leichten Gedanken und positiven Emotionen heilen oder ihn mit unangenehmen, schweren Gedanken und feindseligen Emotionen verletzen.

Der Inhalt der Gedanken und das emotionale Potential beleben, aktivieren oder blockieren alle Zellen des Körpers. Wunder sind möglich für den, der daran glaubt.

Glauben wir an die Erfüllung des Wunsches, für immer fit und gesund zu leben? Im Leben erfolgreich zu sein? Warum nicht? Wir setzen uns selbst die Grenzen! Ob es geht oder nicht, hängt nur von der eigenen Einstellung und der positiven Gestaltung der Gedanken und Gefühle ab!

Manchmal verlangt das Leben ein Innehalten, nicht alles muss heute erledigt werden, nicht alles braucht eine Antwort. Es gibt Lebensphasen, in denen es am besten ist, innezuhalten, tief durchzuatmen, unsere Intuition aus der Stille heraus zu hören und zu fühlen. Es ist keine Flucht, es ist Respekt, es ist nicht aufgeben, aber wir brauchen Zeit, lassen wir uns Zeit, um innezuhalten. Die Welt geht nicht unter, wenn wir jetzt zuerst kommen. Nehmen wir uns die Zeit, die wir brauchen, um anzuhalten.

Unser Unterbewusstsein ist sehr mächtig

Meine Arbeit als Hypnosecoach habe ich 1994 in der Zürcher Altstadt neben dem Grossmünster begonnen, zunächst mit den Schwerpunkten Alkohol, Abnehmen und Nichtrauchen. Auf ein kleines Inserat im Tages Anzeiger meldeten sich täglich Dutzende. Auf das Inserat "Dein Deal" mit 70% Rabatt meldeten sich über 200 Personen. Plötzlich war ich überfordert. Ich beschloss, jeweils vier Personen gleichzeitig zu hypnotisieren, da ich keine Zeit für Einzelsitzungen hatte.

Ich war mir der Kraft der Hypnose sicher, alle 4 Klienten waren in tiefer Hypnose. Das lag nicht nur an mir, sondern auch an der Hypnosetechnik, die ich selbst durch Selbsterfahrung gemischt hatte. Ich bin glücklich, so vielen Menschen auf diese schöne Weise geholfen zu haben. Ich bin zufrieden mit der Art und Weise, wie ich heute lebe, auch wenn ich immer noch an mir arbeite.

Die Sprache unseres Unterbewusstseins ist nicht das Wort, sondern das Bild. Die Lautstärke wird durch die begleitenden Emotionen bestimmt. Nur was wir uns vorstellen können, kann Wirkung zeigen. Wer also glaubt, gesund zu werden, der wird durch seinen Glauben auch geheilt. Wie du glaubst, wird's dir gegeben werden. Erfolg ist erlernbar. Mit der bildhaften Vorstellung vom Erfolg beginnt der Erfolg.

Wer sich aber mit seinen Mängeln identifiziert und sich sagt, das kann ich nicht, das liegt mir nicht, so bin ich, der ist nicht nur wirklich so, der bleibt auch so.

Das Buch Die hohe Schule der Hypnose Kurt Tepperwein, Fremdhypnose - Selbsthypnose Praktische Lebenshilfe für jedermann. Ariston Verlag.

Ich habe viel aus diesem Buch gelernt und wende seine Philosophie und Technik immer noch erfolgreich für mich, meine Familie, meine Freunde und meine Klientinnen und Klienten an.

Wunderbare Quelle der ewigen Liebe

Wir sind nicht nur die Frequenz des irdischen Egos, wir sind nicht nur Gedanken oder Emotionen, wir sind auch das ewige Liebe Energiebewusstsein, ohne Anfang und ohne Ende. Ich glaube, dass wir mehrere Bewusstseinsebenen mit unterschiedlichen Frequenzen sind, die sich gleichzeitig in uns synchronisiert manifestieren. Normalerweise sind wir uns nur unseres Egos bewusst! Erst in der Meditation, im Yoga, in der Stille, in Rückführungen in frühere Leben oder durch ganz besondere Ereignisse wird uns bewusst, dass wir auch eine andere Frequenz als das Ego sind.

Mit dieser Erkenntnis können wir uns von allen Ängsten des Egos befreien, wir finden Frieden in unserer inneren wunderbaren Quelle der ewigen Liebe in uns. Wir können unseren Körper verlassen, das werden wir eines Tages sowieso, dieses ewige Bewusstsein wird in allen Religionen oder Philosophien als ewiges Licht oder spirituelles Leben erwähnt. Wir brauchen keine Gruppe, jeder ist frei, wir sind auch die ganze Ewigkeit ohne Anfang und ohne Ende.

Mit 27 Jahren hatte ich das Glück, eine gnostische Schule in der Schweiz als vorbereitender Schüler zu besuchen. Dort lernte ich, unter anderem in der Kollektivgruppe Energie, mein Ego loszulassen und mich selbst in der ewigen Stille wahrzunehmen. Es war eine ganz besondere Erfahrung, ohne die Vibrationen des Egos zu sein, aus der Perspektive des stillen Beobachters. Ich hatte keine Persönlichkeit mehr, nur ein stilles Gewahrsein der Gegenwart.

Aber ich habe die Erfahrung gemacht, dass ich auch ohne die subtilen energetischen Impulse der Schule im Ewigen Bewusstsein und auch in meinem Ego leben kann! Zwei Dimensionen mit unterschiedlicher Frequenz zur gleichen Zeit im Bewusstsein, es kommt nur darauf an, auf welche Dimension ich mich in diesem Moment mehr konzentriere.

Selbsthypnose in lockerer Form Text

Um zu mehr Selbstliebe zu gelangen. Sprechen Sie die folgenden Worte mit ruhiger Stimme auf ein Diktiergerät hören Sie sie sich vor dem Einschlafen mehrmals im Bett an.

Ich mache es mir bequem.

Ich fühle mich wohl und entspannt.

Ich atme durch die Nasse tief ein und finde meine Mitte in mir (5 Sekunden Luft anhalten) Ich atme langsam tief aus und entspanne und lockere meinen Rücken und meine Schultern.

Ich atme ganz tief ein und finde meine Mitte in mir, (5 Sekunden Luft anhalten) und atme ganz langsam aus und befreie Bauch und Brust von Unruhe, Kränkungen und unbewussten Schatten.

Ich atme ganz tief ein und bleibe in meiner Mitte (5 Sekunden Luft anhalten) und atme ganz langsam aus und entleere meine ganze Psyche, meine ganze Seele, meine Aura und bleibe frei in der Freude der Stille.

Ich atme die Frequenz des universellen ewigen Lichts der LIEBE in mein Herz ein (5 Sekunden Luft anhalten) und fülle mein ganzes Herz mit einem Lächeln der LIEBE.

Vor meiner inneren Leinwand sehe ich nun einen Berg. Es ist ein hoher Berg. Ich gehe auf diesen Berg zu und besteige ihn.

Ich richte meine ganze Aufmerksamkeit auf diesen hohen Berg. Ich nehme ihn mit allen meinen Sinnen wahr.

Ich beobachte jetzt, wie dieser hohe Berg als Vulkan ausbricht. Ich beobachte ganz deutlich die gewaltigen Feuer und die gewaltigen Ausbrüche dieses Vulkanberges und ich weiß jetzt gefühlsmäßig ganz genau, was aus diesem Vulkan herausgeschleudert wird.

Ich gebe dem Unterbewusstsein den Auftrag, bewusste Energieblockaden zu beseitigen, damit ich den Rest meines Lebens gesund und zufrieden genieße kann.

«Unterbewusstsein ich möchte fit, gesund und zufrieden leben»!

Das Unterbewusstsein hat meine Wünsche verstanden und wird nun alles, was seit vielen Jahren noch tief in mir verborgen ist und mich noch täglich emotional belastet energetisch entleeren. Ich nehme mir die Zeit dafür!

Ich gebe jetzt dem Unterbewusstsein den neuen Auftrag, unbewusste Schattenseiten zu beseitigen, damit ich den Rest meines Lebens selbstbestimmt und frei lebe.

«Unterbewusstsein ich will selbstbestimmt und frei leben»!

Durch diese Vulkanausbrüche kann mein Unterbewusstsein nun endlich alles herausschleudern, was mich innerlich immer gestört hat und ich spüre, was da alles herausgeschleudert wird, mein Unterbewusstsein schickt nun auch die verdrängten Gefühle und Schattenseiten, die ich nicht mehr in meinem Leben haben will, hoch in das Vulkanfeuer. Ich lasse mir Zeit.

Ich atme tiefe Selbstliebe ein, ich bin frei und glücklich.

Der Krater kühlt ab. Die Wolken sind weit weg und die Sonne scheint wieder hoch am blauen Himmel.

Vor mir sehe ich einen wunderschönen Regenbogen. Die Farben des Regenbogens werden immer heller und leuchtender. Rot, orange, gelb, grün, blau, lila und violett. Ich beobachte diese Wunder der Natur.

Ich bin auf dem Berg mit der Natur in voller Blüte, höre die Vögel fröhlich zwitschern, ich bin innerlich dankbar, ich bin emotional frei.

Vor meinem geistigen Auge sehe ich nun drei Menschen und einige Haustiere, die aus dem Regenbogen auf mich zulaufen. Es sind die Menschen und Tiere, die ich am meisten liebe, aus der Gegenwart oder aus der Vergangenheit. Ich laufe mit einem Lächeln in den Augen und viel Liebe im Herzen. Sie laufen mir mit offenen Armen entgegen.

Wir umarmen uns, ich liebe es, umarmt zu werden, ich liebe es, die Tiere zu streicheln, ich fühle die unendliche Dankbarkeit in meiner Seele und in meinem Herzen jetzt in diesem Moment.

Ich fühle diese Liebe jetzt in mir aufsteigen, in meiner Mitte. Was für eine wunderbare Botschaft, die jetzt vom Himmel zu mir gekommen ist!

Ich erlebe jetzt eine ganz große Freude, ich nehme mir Zeit für meine drei Geliebten, und die Tieren, ich bin erfüllt von reiner Liebe. Ich lasse diese Liebe als Licht erscheinen, helle goldene Sonne in meiner Mitte, wie einen warmen Sommertag, ich sende diese Sonne bewusst, auf meine Zehen, meine Füße, meine Beine, meinen Bauch, meine Brüste, mein Herz, meine Arme, meine Schulter, meinen Hals, meine Augen, meinen Kopf. Alles in meinem Körper ist jetzt Licht, dieses Licht belebt alle meine Zellen, alle meine Gene, mein ganzer Organismus ist jetzt erleuchtet, mit dem Licht der Liebe.

Ich beobachte, wie auch meine ganze Aura golden und hell ist, ich bin jetzt wie eine strahlende weißgoldene Sonne der Liebe, ich vergrößere diese Sonne und gleichzeitig vergrößert sich auch die Intensität der Liebe in mir.

Ich sende meine Freude der Selbstliebe in den ganzen Raum, der ich jetzt bin, in die ganze Nachbarschaft, in die ganze Stadt, in das ganze Land, in die ganze Erde, über die Berge und über die Meere, zu allen Lebewesen, unendliche Liebe, unendliches Glück.

Ich danke für dieses Wunder und bin voller Liebe für meine geliebten Menschen und Tiere. In meiner Seele werden sie immer voller Liebe sein, und mit ihrer Liebe werden sie mir Kraft geben, mich beschützen und mich heilen. Ich bleibe jeden Tag zufrieden, ich sende dieses Licht der Liebe, das jetzt aus mir als Licht ausströmt, ich fühle mich jeden Tag immer begleitet von diesen Menschen und Tieren, die mich lieben und die ich am meisten liebe.

Wann immer ich Hunger als Mangel an Liebe empfinde, denke ich geistig an diese drei Lebewesen und fühle mich sofort satt und das Ersatzessen löst sich von selbst auf.

Ich erkenne sofort, dass ein leerer Magen auch sehr gesund ist, die Gesundheit wird dadurch gestärkt.

Ich bin glücklich, wenn ich spüre, dass mein Verbrennungsmotor mein überflüssiges Fett verbrennt. Das lasse ich zu.

Ich esse immer nach meinem Tagesplan, in Ruhe und Zufriedenheit, ganz langsam und genüsslich kauend.

Sport, Bewegung, Tanzen, Spazierengehen sind meine besten Verbündeten für ein langes, fittes und zufriedenes Leben.

Ich stelle mir vor, diesen Sommer am See zu baden, fit, voller Freude, erfüllt von Glück, Liebe, schlanker und klüger.

Ich bin begeistert von der ewigen Liebe, die mich jetzt beglückt, begleitet und erfüllt.

Ich fühle eine unendliche Dankbarkeit in meinem ganz großen Herzen für diese ganz wunderbare Erfahrung, die ich jetzt in meinem Leben gemacht habe…

Wenn Sie das Audio der Selbsthypnose gratis erhalten möchten, senden Sie mir eine WhatsApp Nachricht 0041 076 384 05 64 mit dem Code Selbstliebe.

Subtile Energie

Bezeichnet die Wahrnehmung »unterschwelliger« Reize. Das bedeutet, dass der Verstand überlistet wird, d.h. der Mensch nimmt die ihm dargebotenen subtilen Reize nicht wahr. Diese Manipulation findet direkt im Unterbewusstsein statt, sei es positiv oder negativ!

Wir sind unterschwellig mit allen Menschen verbunden, mit denen wir kommunizieren. Egal in welcher Umgebung wir uns befinden, die innere Programmierung bleibt erhalten. Wenn wir aber ohne klares Ziel vor uns hin taumeln, werden wir von den Wünschen der anderen mitgerissen.

Wenn wir unseren Urlaub in einem All-Inclusive-Hotel verbringen, werden wir von der Mehrheit der Anwesenden, der unterschwelligen Frequenz und der schönen Präsentation des Buffets manipuliert. Wir essen doppelt so viel, wie unser Körper eigentlich braucht. Es sei denn, wir haben eine starke »Schlankheitsmotivation« und können uns gut kontrollieren.

Oder wir sind wieder einmal bei Oma und vor unserer Ankunft wurde die Küche mit unseren Lieblingsspeisen und Kuchen wunderschön dekoriert.

Wir essen alles vor Oma auf, wir wollen sie nicht enttäuschen. Es sei denn, wir haben eine genaue Vorstellung von unserem Gewicht und lernen, die Oma vor unserer Ankunft anzurufen und sie zu bitten, nur leichte Kost zu servieren. Für sie ist das kein Problem und sie bereitet viele leckere Salate mit gegrilltem Fisch oder Fleisch und frischem Obst mit Joghurt zu.

Auch im Restaurant können wir dem Kellner genau beschreiben, was wir essen möchten und wie der Koch es zubereiten soll.

Als ich im Urlaub auf Sizilien in einem solchen »All-Inclusive«-Hotel war, beobachtete ich, wie sich die Hotelgäste an einem schön angerichteten, etwa 30 Meter langen Buffet mit reichlich gefüllten Tellern bedienten. Eine Art Gruppenkettenreaktion lag in der Luft, essen … essen … essen … als Zeichen des Wohlstands! Ein veraltetes, überholtes Ritual. Ein überkommener Glaube aus vergangenen Zeiten von Hunger und Armut! Oder ein Programm aus der Kindheit: »Iss, damit du groß und stark wirst!«

Mir ging es nicht besser! Ich hatte wenig Kontrolle über meine Gedanken und Gefühle. Am Ausgang verabschiedete sich der Chef persönlich von mir. Ich machte ihn darauf aufmerksam, dass ich in einer Woche zwei Kilo zugenommen hatte, obwohl ich jeden Tag Tennis spielte! Er antwortete mit einem sizilianischen Lächeln. "Schön, das von Ihnen persönlich zu hören, Signore Cuenca, denn wenn nicht jeder Gast mindestens zwei Kilo pro Woche zunimmt, werden die Köche vom Hoteldirektor entlassen!

Es ist sehr wichtig, sich mit lieben Menschen zu umgeben, die höhere Schwingungen haben als man selbst und denen es besser geht als einem selbst. Schwingungen sind ansteckend, schreibt Vex King in seinem Buch «Good vibes, good life", wie Selbstliebe dein größtes Potenzial entfaltet. Das ist der Weg zum Glück, mit guten Gedanken und gefühlten, liebevollen Schwingungen!

Positive Menschen können uns auch Kraft geben, weil sie unsere Probleme aus einer anderen Perspektive betrachten. Mit ihrer hohen Schwingungsfrequenz sehen sie das, was wir gerade durchmachen, meist optimistischer. Wenn wir jemanden kennen, der schlank geworden ist, können wir uns besser auf diese Schwingungsfrequenz einstellen.

Unser Unterbewusstsein kann sich auf subtile Weise Informationen und Gewohnheiten aneignen, um Ziele zu erreichen, von denen es weiß, dass wir sie wollen, ohne dass wir es merken. Plötzlich, wie eine Erleuchtung, kommen die Lösungen, die wir brauchen. Deshalb ist es Gold wert, die Frequenzen der Menschen zu kennen, mit denen wir zu tun haben.

Menschen, von denen wir spüren, dass sie uns nicht mögen, gehen wir klugerweise aus dem Weg. Auch wegen der Schwingungsfrequenzen. Sie können uns subtil mit verstecktem Hass und Wut emotional blockieren.

Schließlich ist wahre Selbstliebe, Nein sagen zu können zu all den Menschen, die uns das Leben schwer machen, dankbar zu sein für die Zeit, die wir gewinnen, um gesund zu bleiben, mit guten Menschen zusammen zu sein, mit uns selbst zufrieden zu sein, gesund zu leben und selbst zu bestimmen, was wir tun wollen.

Vergebung ist die klügste Form der Befreiung

Was sehr wichtig ist, um dauerhaft fit und Zufrieden bleiben, ist eine neue Art emotionaler Amnesie. Das Beste, was wir tun können, ist, zu lernen, Resilienz zu entwickeln, trotz allem klug zu entscheiden und das Beste aus der Gegenwart zu machen.

Es spielt keine Rolle mehr, was unsere Eltern nicht für uns getan haben, auch sie waren nur Menschen mit viel Stress. Sie waren auch nicht die perfekten Eltern. Auch unsere Kinder sollten lernen, dass wir als Eltern auch nicht perfekt sind. Ich denke jeder Erwachsene sollte lernen Verantwortung für sein eigenes Leben zu übernehmen und das Beste daraus zu machen. Nur zu Jammern und die Eltern zu beschuldigen, bringt niemandem weiter.

Diese Erkenntnis hat mir die Augen geöffnet, um besser verzeihen zu können und mich selbst auch zu beschützen. Wie oft habe ich es gut gemeint und der Schuss ging nach hinten los und zerstörte unsere Familienfriede. Das Leben hat mich gelehrt, dass wir viele verschiedene Lebensphasen durchleben. Es ist sehr weise, niemanden zu verurteilen. Sich selbst zu verzeihen, anderen zu verzeihen und um Verzeihung zu bitten, und damit eine Ende des Leidens, ist die größte Heilung für die Seele.

Es gibt schreckliche Psychopathen unter den Menschen, die wir uns nicht vorstellen können. Menschen, die sich uns gegenüber unerwartet chaotisch verhalten. Aber auch wir können uns wie Psychopathen verhalten und andere Menschen indirekt innerlich verletzen. Warum? Wieso? Wir müssen nicht immer alles verstehen, jeder kann die Antwort selbst erfinden. Es ist besser, das dem Himmel zu überlassen.

In meinem Buch, Werde alkoholfrei deine beste Version, Bod Verlag, beschreibe ich meinen Weg aus dem Alkoholismus in die Freiheit.

Auf Spanisch, Elige el camino de los vencedores, Bod Verlag. Deja el alcohol y sé feliz, Amazon Verlag.

Auf Englisch, Stop drinking start being happy, Bod Verlag.

Der Gewinn an Lebensglück ist die beste Motivation.

Angela

Angela ist 28 Jahre alt, 1,72 m groß und wiegt 86 kg. Als Motivation hat sie sich vorgenommen, bei der nächsten Silvesterparty wieder ihre schöne alte Jeans, Größe 38, zu tragen. Um wieder in diese Jeans zu passen, musste sie 20 kg abnehmen. Sie hatte noch 6 Monate Zeit. Genau 27 Wochen, also 750 Gramm pro Woche. Zu dieser Party war auch ein alter Schulfreund eingeladen, mit dem sie damals eine Affäre hatte.

In ihrer Fantasie sah sie sich immer wieder mit ihrem Schulfreund auf der Party tanzen, schlank in ihren alten Jeans, Größe 38. Sie wollte sich von ihrer besten Seite zeigen. Und es gelang ihr! Jahre später hat sie ihn geheiratet und ist schlank geblieben.

Mark

Mark, 52 Jahre alt, 1,76 m groß, 116 g schwer, wollte wieder so sein wie früher, 75 kg, und mit seiner Schwester nach Italien fahren, um am Meer zu baden. Sein Leben war langweilig geworden. Eine Scheidung lag hinter ihm. Aus Frust aß er abends vor dem Fernseher regelmäßig Schokolade. Irgendwann hatte Mark genug. Er fühlte sich in seinem immer schwerer werdenden Körper nicht mehr wohl.

Er meldete sich zu einem Salsa-Kurs an und begann regelmäßig zu tanzen. Sein Übergewicht störte ihn beim Tanzen sehr. Er nahm seine eigenen Suggestionen gegen Süßigkeiten auf und hörte sie sich jeden Abend vor dem Einschlafen an. Er nahm ab, Schokolade und Süßigkeiten interessierten ihn nicht mehr. Er wurde ein leidenschaftlicher Tänzer. Sein Leben veränderte sich.

Er lernte beim Tanzen eine neue Partnerin kennen. Er wurde schlank und fuhr mit seiner neuen Partnerin zu seiner Schwester nach Italien und badete im Meer.

Stress

Seit es Menschen auf der Erde gibt, sind sie dem Faktor Stress ausgesetzt. Das Leben ist voller Stress. Für die ersten Menschen auf der Erde war es Stress, überhaupt zu überleben, Nahrung zu finden und den Kampf gegen Tiere, Krankheiten, Hitze und Kälte zu überstehen.

Alles, was uns stört und emotional belastet, ist Stress. Alles, was unseren Fluss blockiert, auch jede Veränderung in unserem Leben, ist Stress. Nur unser inneres Potential, unsere Bewältigungsfähigkeit, bewahrt uns vor einer echten psychischen Überlastung. Wenn sich dieser Stress über einen längeren Zeitraum in unserem Leben manifestiert und wir nichts dagegen tun, können psychosomatische Krankheiten in uns entstehen Mit dem täglichen Stress müssen wir leider leben und es ist notwendig, dass wir uns damit auseinandersetzen. Es sind immer unsere eigenen Emotionen, die uns am meisten belasten.

Was auch immer uns belastet und stresst, wir haben die Fähigkeit, uns durch Verarbeitung und Neuanpassung vom Stress zu distanzieren. Das ist natürlich leichter gesagt als getan, aber wenn wir nicht mit dem Stress fertig werden, wird der Stress mit uns fertig. Sehr viele Krankheiten beginnen psychosomatisch: Krebs, Kopfschmerzen, Depressionen, Angstzustände, Fettleibigkeit, Alkoholismus, Drogenabhängigkeit, Herzkrankheiten, Medikamentenabhängigkeit usw.

Zuerst sollten wir alles beseitigen, was uns stört, hemmt und unglücklich macht: Strenge Arbeitsplatzt, Manipulation durch Familie und Gesellschaft, Schuldgefühle, Ängste, Furcht, Innere Verletzlichkeit.

Toxische Umgebung für unsere Psyche

Die Ängste und Schuldgefühle Manipulatoren

Die Person, Gruppe, politische Partei, Religion oder Philosophie, die Sie mit Angst und Schuldgefühlen manipuliert und gegen Ihren Erfolg arbeitet, um Sie für sich zu gewinnen. Angst und schlechtes Gewissen sind zwei der stärksten negativen Emotionen, die der Mensch empfinden kann, und gleichzeitig die am häufigsten verwendeten »modernen« Manipulationsmittel. Viele Menschen in Ihrer Umgebung, politische Parteien, Religionen und Philosophien nutzen Angst und schlechtes Gewissen, um Sie als Anhänger oder emotionalen Sklaven zu gewinnen. Angst und schlechtes Gewissen sind wie eine lebenslange Gefangenschaft.

Um dieser Gefangenschaft zu entkommen, sind wir bereit, unsere eigenen Interessen zu vergessen und uns ganz für die Interessen anderer zu opfern. Sie bereichern sich auf Kosten unschuldiger Menschen, die keine Ahnung von der Kunst der Manipulation haben. Die Täter wissen das und nutzen diese Methode eiskalt aus.

Der Eifersüchtige: Er kann selbst keine Erfolgserlebnisse haben.

Er interessiert sich zunächst sehr für Ihr Leben und ist sogar sehr freundlich und hilfsbereit. Menschen, die erfolgreich, lustig oder sehr beliebt sind, kann er nicht leiden. Er fragt sich, wie Sie es schaffen, Erfolg anzuziehen. Er selbst kann dieses Glück oder diesen Erfolg nicht in sich aktivieren und spüren. Er würde Ihnen sogar eine Falle stellen, damit Sie scheitern. Er wartet geduldig auf seine Chance, und dann, wenn Sie es am wenigsten erwarten, gießt er seine ganze Eifersucht über Sie aus. Ihr Unglück verschafft ihm Genugtuung. Nach dem Motto: »Wenn ich nicht glücklich sein kann, sollst du es auch nicht sein«.

Der Abwertende Mensch

Möglicherweise ist er selbst abwertend erzogen worden oder hat sich auf Abwertung spezialisiert.

»Schönes Kleid hast du dir gekauft, schade, dass dir die Farbe nicht steht«. Im ersten Moment ist er ein rettender Engel. Aber nur so lange, bis er genug über dich weiß.

Er findet Gefallen daran, andere zu disqualifizieren oder zu demütigen, so dass wir uns »wie kleine Würmer« fühlen, damit er selbst als Sonnenschein glänzen kann. Er selbst kann seine Wünsche nicht erfüllen.

»Steh nicht da wie ein Idiot, lauf weiter!« Die gedemütigte Person kann auch in der Öffentlichkeit aggressiv werden und immer wieder versuchen, einen zu demütigen.

Mengen und Kcal für Fit und Zufriedenheit

Wenn wir morgens genau wissen, wie viel wir am Tag essen und wie viel wir verbrennen werden, ist das für unseren Körper sehr beruhigend. Der Körper stellt sich darauf ein und man ist erfolgreicher.

Es spielt keine Rolle, wie Sie sich ernähren wollen, ob in einer Mahlzeit oder in zwei Mahlzeiten oder in drei Mahlzeiten. Wichtig sind die Menge und die Kalorienzahl, nicht zu viel und auch nicht zu wenig.

Genauso wie eine Uhr funktioniert!

1300 Kcal Ein / 1800 Kcal Verbrennung

1500 Kcal Ein / 2000 Kcal. Verbrennung

1800 Kcal Ein / 2300 Kcal Verbrennung

2100 Kcal Ein / 2600 Kcal Verbrennung

= ein halbes Kilo weniger durchschnittliches Körperfett pro Woche!

1. Finger Fett

25 Gramm bis max.50 Gramm. 2 EL pro Tag.

Schauen Sie sich Ihren kleinen Finger an. Das ist die Menge Fett, die Ihr Körper täglich braucht, um gesund zu bleiben. Fett macht dick, nur Fett macht dick!

Wir kontrollieren lieber den Fettgehalt unserer täglichen Nahrung, denn Fett hat uns übergewichtig gemacht! Alle überflüssigen Pfunde in unserem Körper sind unnötiges Fett. Sich selbst lieben heißt, Fett meiden lernen!

Wir beginnen den Tag meist mit Kaffee oder Milch, Butter, Croissant, Brot, etwas Marmelade, Käse, Eiern und Toast.

Unsere Vorfahren ernährten sich jahrelang von Brot, Milch, Butter, Käse, Croissant, Eiern, Toast und waren kerngesund und meist schlank! Aber sie mussten auch hart arbeiten. Ihr Arbeitstag begann bei Sonnenaufgang und endete bei Sonnenuntergang! 12 bis 14 Stunden Arbeit am Tag.

Wir haben von ihnen gelernt, uns mit viel Essen zu stärken und gesund zu bleiben! Nur eines hat sich geändert, unser Körper arbeitet nicht mehr hart, wir sitzen meistens den ganzen Tag!

Eine Handvoll Protein

In die ausgestreckte Hand passen ca. 150 bis 200 Gramm. So gross sollte ihr Steak oder gegrillter Fisch oder ¼ gegrilltes Hähnchen (ohne Haut) sein oder ein großes Stück Tofu oder Soja. Bitte vermeiden Sie fettreiches Fleisch oder Fisch.

Protein sättigt am meisten. Für die meisten Menschen ist eine Handvoll Protein ausreichend.

2 bis 4 Obst täglich, Wassermelone, Orangen, Äpfel, Pflaumen, Birnen, Kiwi, usw. Alle Vitamine sind in Früchten enthalten. Essen Sie zum Frühstück und nachmittags eine frische Frucht. Äpfel sind die besten

Sättigungsgaranten. Meiden Sie bitte fruchtzuckerreiche Obstkonserven, Marmelade und Trockenobst.

Wasser / Flüssigkeit / Wein

2 Liter, am besten 10 Gläser Leitungswasser, Quellwasser oder Mineralwasser. Bei 2,5 Litern pro Tag verbrennen wir 3 Kilo reines Fettgewebe im Jahr. 1 Glas Wein pro Tag.

1 bis 3 Früchte pro Tag: Wassermelone, Orange, Apfel, Pflaume, Birne, Kiwi usw. Alle Vitamine sind in Obst enthalten. Essen Sie frisches Obst zum Frühstück und am Nachmittag. Äpfel sind die besten Sattmacher. Vermeiden Sie Obstkonserven mit hohem Fructose Gehalt, Marmeladen und Trockenfrüchte.

2 Liter, am besten 10 Gläser Leitungswasser, Quellwasser oder Mineralwasser. Bei 2,5 Litern pro Tag verbrennen wir 3 Kilo reines Fettgewebe pro Jahr. 1 Glas Wein pro Tag.

Kohlenhydrate

Drei Bissen Kohlenhydrate pro Tag ca. 40 Gramm bis 60 Gramm pro Tag, Nudeln, Reis, Brot, Polenta, Mais, Kartoffeln. Nicht mehr und nicht weniger.

Ein wenig Kohlenhydrate geben uns das innere Gleichgewicht, das wir brauchen, um den Alltagsstress abzubauen. Zu viele Kohlenhydrate ohne Bewegung sind Zeitverschwendung!

Fünf Handvoll Gemüse und Salat

Abends stehen 1 bis 2 Teller Suppen mit viel Gemüse und Hülsenfrüchten oder ein großer, feiner Salat bereit. Mindestens 400 bis 500 Gramm am Tag essen. Sonst hat es der Körper schwer, gesund zu bleiben.
Frisches Gemüse und Salate sind unsere besten Freunde, um gesund und schlank zu bleiben. Davon kann man sich satt essen! Pro Tag können Sie

zwei große Salatteller, zwei große Portionen Gemüsesuppe oder zwei
große Portionen Gemüse essen.
Wer nach ein paar Stunden noch Hunger hat, weil die Salate nicht lange
sättigen, isst einfach noch einen Teller Salat oder eine Gemüsesuppe.

So viel Sie wollen. Wenn das Unterbewusstsein diese großen Mengen erst
einmal gespeichert hat, wird der innere Heißhunger verschwinden, und
Sie werden klug und schlank sein.

Rattenversucht: Schokolade und Essgier.

Der Anblick genügt: Schokolade setzt im Gehirn eine opiumähnliche
Substanz frei, die zumindest Ratten nach immer mehr gieren lässt, berichten
Forscher. Menschen könnten demnach zum kiloweisen Verzehr verführt
werden. Schokolade ist schwer zu widerstehen. Das liegt offenbar an einer
Substanz, die das Gehirn beim Anblick und Verzehr der Süßigkeit
ausschüttet: Enkephalin, eine opiumähnliche Substanz, lässt Ratten
hemmungslos überfressen. Das Neuropeptid löse im Gehirn eine Art "Iss
jetzt"- und "Iss mehr davon"-Befehl aus, berichten die Wissenschaftler im
Fachmagazin "Current Biology". Sie halten es für wahrscheinlich, dass die
Substanz auch beim Menschen zu Fressattacken führt.

Vorsicht vor der aktuellen Zuckerindustrie-Falle! In den Cafés gibt es ein
kleines Gebäck oder eine Mini-Schokolade gratis! Meiden Sie, wenn es
Ihnen möglich ist Industrie Zucker und Mehl. Wegen der Insulinfalle. Sie
bekommen nach ein paar Stunden Heißhunger!

In der Zürcher Altstadt, wo ich meine Praxis seit 1994 habe, beobachte ich,
wie ein kleiner Laden nach dem anderen schließen muss. Seltsamerweise
haben schon über 20 neue Läden mit dem gleichen Sortiment eröffnet: Eis,
Schokolade, Zigaretten und Alkohol. Die Industrie weiß genau, wie man
süchtig wird. Und hat überhaupt kein Herz. Die Menschen werden immer
übergewichtiger, alkoholkranker, Raucher bekommen Lungenkrebs und
die Zahl der Todesfälle durch Suchtkrankheiten steigt.

Zum Glück sind wir jetzt nicht mehr dumm, wir haben die Frequenz der Selbstliebe und des Selbstvertrauens in uns, je mehr unsere Schwingungen unserem neu gewonnenen Selbstwertgefühl entsprechen, desto realer wird unser Sieg: Schlanker, gesünder, fitter!

Manchmal ist es klug, sich einfach Zeit für sich selbst zu nehmen, sich für ein paar Tage oder Wochen der Welt zu entziehen, einen stillen Urlaub zu Hause zu machen, um Zeit für einen Neuanfang zu haben.

Nach zwei Wochen ohne Zucker stabilisiert sich das Immunsystem, wir werden ruhiger, der Heißhunger verschwindet und wir konzentrieren uns mehr auf unsere innere Ruhe. Nach drei Wochen können sich Hautbild und Blutdruck normalisieren, Entzündungsprozesse im Körper nehmen ab. Langfristig reduziert der Verzicht auf Zucker und Industriemehl das Risiko von Übergewicht, dem Hauptrisikofaktor für Diabetes und Herz-Kreislauf-Erkrankungen.

Clever schlank bleiben

1. 3 geniale Atemzüge (Seite 15)

2. morgens 5 Min. aus der Stille heraus sich schlank visualisieren

3. jeden Tag 45 Min. Laufen, bewegen, Velofahren.

4. vor dem Spiegel laut Affirmationen aussprechen

5. nein sagen können, keine Opferrolle mehr

6. alle Probleme aufarbeiten evtl. Hilfe annehmen

7. jetzt und heute kleine Glücksmomente schaffen

Menschenrechte

Sie haben das Recht, in Liebe und Selbstachtung glücklich zu leben.

Sie haben das Recht, Grenzen zu setzen und NEIN zu sagen.

Sie haben das Recht zu entscheiden, wo Ihre Grenzen liegen.

Sie haben das Recht zu denken, was Sie wollen.

Sie haben das Recht zu tun, was Sie für richtig halten.

Sie haben das Recht zu fühlen, was Sie fühlen wollen.

Sie haben das Recht zu sagen, was Sie denken.

Sie haben das Recht, vor seelischen Verletzungen geschützt zu werden.

Sie haben das Recht, eigene Entscheidungen zu treffen.

Sie haben das Recht, sich gegen Missachtung und Respektlosigkeit zu wehren.

Sie haben das Recht, die Verantwortung für die Gefühle und Gedanken anderer abzulehnen.

Sie haben das Recht zu entscheiden, mit wem und wie Sie Sex haben wollen.

Du hast das Recht auf Freizeit und Privatsphäre.

Man hat das Recht, Fehler zu machen. Niemand ist perfekt.

Du hast das Recht, in Würde zu leben.

Zum Schluss

Selbstliebe bedeutet, sich selbst mit seinen Stärken und Schwächen zu akzeptieren.

In diesem Buch finden Sie einige der Techniken, die ich selbst anwende und die ich meinen Kunden zur Verfügung stelle, um fit und zufrieden zu sein.

Möge es auch Ihnen zum Erfolg verhelfen.

Danke, dass Sie dieses Buch gelesen haben.

Wünsche Ihnen ein Leben in Gesundheit und Zufriedenheit.

Helio Cuenca